¡Cómpralo!
Historia del dinero

Debra J. Housel

Asesor

Timothy Rasinski, Ph.D.
Kent State University

Créditos

Dona Herweck Rice, *Gerente de redacción*

Robin Erickson, *Directora de diseño y producción*

Lee Aucoin, *Directora creativa*

Conni Medina, M.A.Ed., *Directora editorial*

Stephanie Reid, *Editora de fotos*

Rachelle Cracchiolo, M.S.Ed., *Editora comercial*

Basado en los escritos de *TIME For Kids*.

TIME For Kids y el logotipo de *TIME For Kids* son marcas registradas de TIME Inc. Usado bajo licencia.

Teacher Created Materials

5301 Oceanus Drive
Huntington Beach, CA 92649-1030
http://www.tcmpub.com

ISBN 978-1-4333-4490-9

© 2012 Teacher Created Materials, Inc.
Made in China
YiCai.032019.CA201901471

Tabla de contenido

Antes de que existiera el dinero

Imagina que eres un pastor de ovejas y que vives en una época muy remota. Tienes lana suficiente para hacer dos cobijas. Sin embargo, necesitas un azadón para sembrar tus tierras. No hay tiendas ni catálogos. La única manera de conseguir un azadón es ir con el fabricante de herramientas que vive a varias millas de distancia. Como no hay dinero, debes cambiar, o **trocar**, lo que tienes para obtener lo que quieres.

ovejero

Cobijas en mano, caminas hasta el hogar del fabricante de herramientas. El fabricante observa las cobijas y te dice que te las acepta a cambio del azadón. Tú estás de acuerdo. Ambos han hecho un buen trueque.

¿Te parece un buen sistema? Es lo que todos hacían hace mucho tiempo para obtener lo que necesitaban. Estos trueques aún se llevan a cabo en algunos lugares del mundo. Sin embargo, los trueques tienen varios problemas. Por ejemplo, a veces el fabricante de herramientas no necesitaba cobijas. Además, el pastor tenía que viajar muchas millas para obtener lo que quería.

una pintura de un hombre haciendo trueque con una gallina

Plata valiosa

La plata es un material escaso. En el año 2500 a. C., los habitantes de lo que ahora es Irak estamparon en barras de plata el peso de cada barra. A mayor peso, mayor valor de la barra. Así, las barras podían utilizarse para el comercio.

El poder del dinero

Nuestro mundo ha cambiado mucho. La gente usa dinero para comprar las cosas que necesita. ¿Sabías que hay niños en los Estados Unidos que gastan más de $15 millones de su propio dinero cada año? ¿Qué compras con tu dinero?

La invención del dinero

Con el paso del tiempo, la gente se dio cuenta de que necesitaba llegar a un acuerdo sobre algo para representar el **valor** de las cosas. Los primeros objetos que usaron como dinero tenían valor propio. Por ejemplo, las vacas eran valiosas porque proporcionaban leche. Las especias tenían valor porque eran escasas y todos las querían.

En una época, las especias eran artículos usados en los trueques con frequencia.

Monedas

Poco a poco, la gente comenzó a darse cuenta de que no era necesario que el objeto en sí fuera valioso. Mientras todos estuvieran de acuerdo, podían usarse objetos tales como plumas, conchas o **wampum** como dinero. Las personas recibían estos objetos **a cambio** de su trabajo o de sus bienes. Sabían que otros harían lo mismo a cambio de lo que querían. Sin embargo, este sistema también tenía sus problemas. El viento se llevaba las plumas. Las conchas se rompían. La gente necesitaba algo fácil de guardar y transportar. Por lo tanto, comenzaron a fabricar monedas.

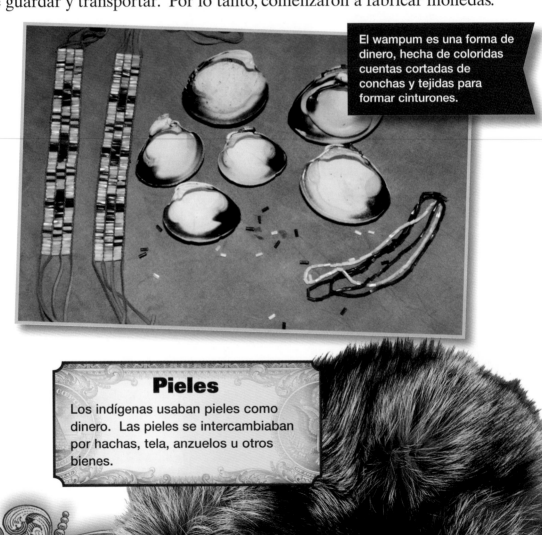

El wampum es una forma de dinero, hecha de coloridas cuentas cortadas de conchas y tejidas para formar cinturones.

Pieles

Los indígenas usaban pieles como dinero. Las pieles se intercambiaban por hachas, tela, anzuelos u otros bienes.

En el año 640 a. C., el rey de Lidia acuñó las primeras monedas **estándar**. Estaban estampadas con la imagen de un león. Cada moneda tenía un valor fijo. Esto significaba que las personas ya no tenían que pesarlas, como en el caso de la barras de plata, para determinar su valor. Estas monedas ganaron gran popularidad en poco tiempo. Comenzó a difundirse el uso de monedas hechas de metales preciosos. Algunas personas cambiaban secretamente el valor de las monedas, cortando los bordes y guardando las limaduras. Esta práctica continuó hasta la invención de la prensa para monedas, en 1660. A partir de entonces, las monedas han tenido forma regular.

En Lidia, lo que ahora es Turquía, se fabricaron las primeras monedas de peso estándar, hechas de electro. El electro es una aleación natural de oro y plata.

Primeras monedas chinas

Hace unos 3,000 años, los chinos usaron pequeñas herramientas de bronce como monedas. Sin embargo, no tenían peso ni tamaño estándar, como las monedas lidias.

reales de a ocho

Chelines de pino

Por ley, sólo el rey inglés podía emitir dinero para las colonias estadounidenses. Sin embargo, los colonos de la bahía de Massachusetts fabricaron chelines de madera de pino entre 1652 y 1682. Un chelín es una unidad de valor del dinero. Todas las monedas estaban acuñadas con el año 1652, en el que no hubo rey en Inglaterra. De esta manera, parecía que todas las monedas se habían acuñado cuando la ley no estaba vigente.

Los **reales de a ocho**, de origen español, fueron las monedas de mayor uso en el mundo hasta 1850. La gente obtenía cambio cortando estas monedas en ocho pedazos, cada uno con valor de un **real**.

Hoy en día, las monedas están hechas de una **aleación**, o una mezcla, de cobre y níquel o cinc. Primero, un conjunto de rodillos prensa el metal caliente para formar láminas delgadas. Después, una máquina troquela las monedas en blanco. Por último, las piezas en blanco entran en una prensa de monedas, donde se **acuñan** ambos lados al mismo tiempo.

Se acuñan 600 monedas por minuto.

¿Lo sabías?

Los bancos recolectan las monedas desgastadas y dañadas y las envían para que sean fundidas y acuñadas como nuevas monedas.

Papel moneda

Los chinos comenzaron a usar papel moneda en el año 650 d. C. En 1295, el explorador Marco Polo comentó este hecho en Europa. Era más fácil transportar papel que pesadas bolsas de monedas. Sin embargo, los europeos no adoptaron la idea. No tenían la confianza de que el papel moneda realmente fuera dinero.

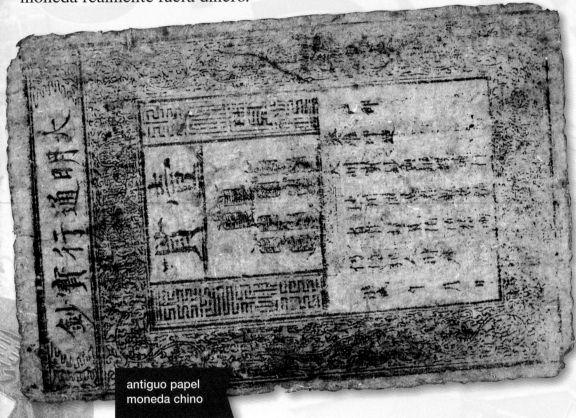

antiguo papel moneda chino

Regalos para los muertos

En una antigua tradición china, se quema papel moneda especial para enviar fondos a los parientes muertos.

La banca nació cuando las personas comenzaron a dejar sus monedas en el taller de un orfebre.

Intercambio por oro y plata

Hasta la década de 1930, se podía cambiar el papel moneda por monedas de oro y plata en los bancos de todo el mundo.

En el siglo XVI, la gente comenzó a dejar sus monedas con el orfebre para que las cuidara. Él las mantenía en una **cuenta** y entregaba al propietario un **billete de banco**. Los billetes de banco eran una especie de pagaré y podían usarse para comprar cosas. La persona con uno de estos billetes podía cambiarlo por monedas en el taller del orfebre. Así, la gente comenzó a usar estos billetes como dinero.

En la actualidad, se usan imprentas de alta velocidad para imprimir los diseños del papel moneda, o billetes, en grandes hojas. Luego, unas máquinas cortan las hojas para formar pilas de billetes. Cada mes se envían nuevos billetes y monedas a los bancos. Los bancos ponen el dinero en **circulación** y los billetes comienzan a pasar de una persona a otra.

Hoy en día, la mayoría de los países imprimen su propio papel moneda.

Cada nación elige su propia moneda, llamada **divisa**. El valor de una divisa depende de cuánto puede comprar. Este valor puede subir o bajar. En el mundo hay varios tipos de divisas, pero la que más se usa es el dólar estadounidense.

En 1914, la Reserva Federal comenzó a operar como banco central de los Estados Unidos. En la parte superior de todos los billetes estadounidenses aparece la leyenda *Federal Reserve Note*, o **pagaré de la Reserva Federal**.

¿Lo sabías?

Los bancos colectan los billetes desgastados y los envían al gobierno para su destrucción. Casi todos los billetes estadounidenses se desgastan después de unos dieciocho meses de uso. Cada día se imprimen más de 400 millones de dólares en billetes de reemplazo.

El tipo de cambio

El **tipo de cambio** indica la relación entre una divisa y otra. Cambia todos los días, ya que el valor real de una divisa también cambia cada día. Estas variaciones se deben a la solidez de la **economía** de un país. La economía es el sistema de dinero, productos y mano de obra de una nación. Si todos estos factores van bien, la economía de un país es sólida.

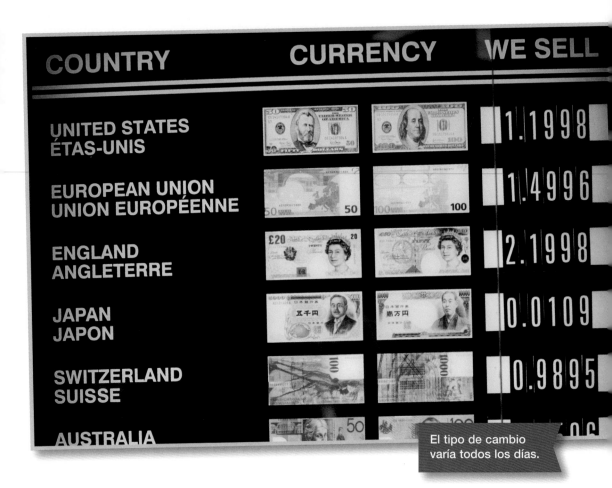

COUNTRY	CURRENCY		WE SELL
UNITED STATES ÉTAS-UNIS			1.1998
EUROPEAN UNION UNION EUROPÉENNE			1.4996
ENGLAND ANGLETERRE			2.1998
JAPAN JAPON			0.0109
SWITZERLAND SUISSE			0.9895
AUSTRALIA			

El tipo de cambio varía todos los días.

DIVISAS INTERNACIONALES

País	Divisa
Estados Unidos	dólar
Canadá	dólar
Ecuador	sucre
Reino Unido	libra
Naciones europeas	euro
Israel	shekel
Japón	yen
Kenia	chelín
México	peso
Nicaragua	córdoba
Rusia	rublo

Si no hubiera euros en Europa, sería como si los habitantes de Estados Unidos tuvieran que cambiar dólares cada vez que fueran a otro estado. Los países en amarillo han adoptado el euro como divisa.

Europa

Dónde usar el euro

Estos son los veintitrés países que han adoptado el euro: Andorra, Austria, Bélgica, Chipre, Estonia, Finlandia, Francia, Alemania, Grecia, Irlanda, Italia, Kosovo, Luxemburgo, Malta, Mónaco, Montenegro, Holanda, Portugal, San Marino, Eslovaquia, Eslovenia, España y Ciudad del Vaticano.

En enero del 2002, varias naciones europeas cambiaron al **euro** y dejaron de usar sus divisas anteriores. ¿Por qué? Las naciones comparten fronteras. Cuando una persona viajaba de un país a otro, tenía que cambiar su dinero por el del otro país. Si no podían realizar el cambio, no podían comprar cosas. Con más personas usando el euro, los negocios fueron más faciles.

Dinero viejo

¿Qué son los francos, liras y dracmas?
Son tipos de dinero que ya no existen.
Eran las divisas de Francia, Italia y Grecia,
respectivamente, pero estas naciones
ahora utilizan el euro.

Problemas con el dinero

Todo sistema de comercio tiene sus problemas, y el dinero no es la excepción. Por ejemplo, es fácil robar dinero. Los billetes y monedas son más fáciles de tomar que los objetos que antes se usaban para trueques, como las vacas.

Otro problema se presentó cuando los bancos prestaron demasiado dinero. Las personas usaban esos mismos bancos para guardar sus ahorros. Si demasiadas personas llegaban a **retirar** sus ahorros, los bancos no tenían dinero suficiente a mano para dárselos, ya que habían prestado mucho. Por lo tanto, los bancos **quebraron**. Varias personas perdieron así los ahorros de toda su vida. Hoy en día, los bancos tienen límites de préstamo para no quebrar.

El papel moneda por lo general tiene diseños complejos, números especiales y papel resistente para dificultar su falsificación.

Otro problema es que siempre hay alguien que intenta copiar el dinero. La **falsificación** es un crimen. Por ello, los gobiernos hacen billetes difíciles de copiar. Utilizan diseños complejos y tintas hechas con fórmulas secretas. Imprimen los billetes en papel especial. No obstante, algunas personas logran falsificar (copiar) los billetes igualmente.

Los tesoros de piratas no son un mito. Los piratas realmente robaban todos los tesoros que podían a las personas indefensas.

Piratas

En las épocas en que los barcos transportaban cofres llenos de monedas, los piratas estaban al acecho. Atacaban los barcos y los asaltaban. Aunque no se parecen a los piratas de la antigüedad, hoy en día aún hay piratas en los mares. Incluso podría decirse que los ladrones son piratas en tierra.

El dinero en la actualidad

¿Tienes una cuenta bancaria? Es una buena manera de guardar tus **fondos** hasta que quieras gastarlos. Los bancos te pagan **intereses**. Después, el banco le presta tu dinero a otra persona. La persona que recibe el préstamo debe pagar el dinero que recibió más ciertos intereses. Es así como el banco gana dinero.

La mayoría de los adultos **depositan** su dinero en una cuenta de cheques o **cuenta corriente**. Después, pueden girar **cheques** o usar **tarjetas de débito** para pagar cosas, y el dinero de los cheques se toma de sus cuentas.

Cheques

Las cuentas de cheques son el tipo de cuenta más común en el mundo.

Los bancos actuales son una manera segura de guardar tu dinero.

Intereses

Imagina que tu hermana necesita pedir prestados $1,000 para comprar libros para la universidad. El banco le da un préstamo. El banco obtiene ganancias al cobrar una cuota. Esta cuota se llama interés. Imagina que el banco cobra $20 de interés. Eso quiere decir que cuando pague el préstamo, tu hermana debería $1,020.

| Necesita $1,000 para pagar sus libros. | El banco le prestará $1,000. | El banco cobra $20 de interés. | Le debe al banco $1,020. |

Las tarjetas de débito funcionan como cheques electrónicos. Cuando usas una tarjeta de débito en una tienda, el dinero sale de tu cuenta de cheques y es transferido a la cuenta bancaria de la tienda. Estas tarjetas también funcionan en los **cajeros automáticos**. Incluso si el banco está cerrado, puedes hacer depósitos o retirar dinero a través de un cajero automático.

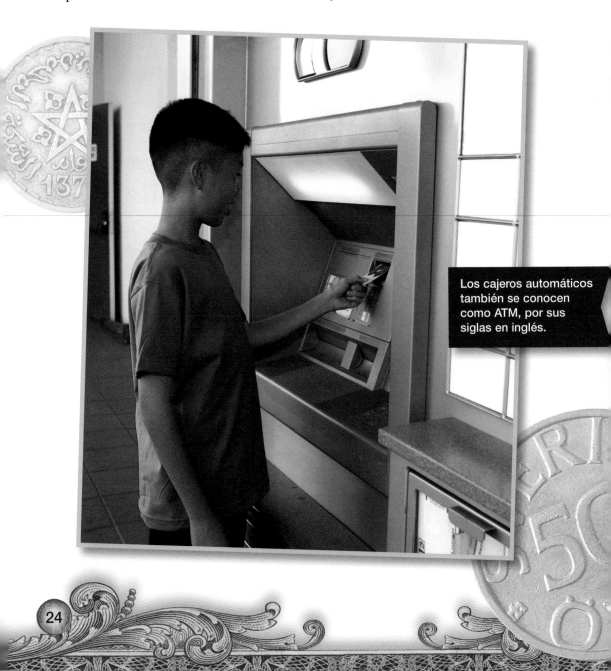

Los cajeros automáticos también se conocen como ATM, por sus siglas en inglés.

Las **tarjetas de crédito** tienen aspecto similar a las tarjetas de débito, pero en realidad son muy diferentes. Con una tarjeta de crédito, compras cosas con la promesa de pagarlas más tarde. Usas la tarjeta de crédito para registrar la compra. Luego recibes una cuenta. Puedes pagar todo el importe de la cuenta o pagar sólo una parte y arrastrar un **saldo**. Si arrastras un saldo, debes pagarle intereses a la empresa que te dio la tarjeta de crédito. Esto significa que a la larga pagas más por las cosas.

Debes pagar todo lo que compres a crédito.

Consejos acerca de tarjetas de crédito

Las tarjetas de crédito se pueden usar alrededor del mundo. Si tu tarjeta de crédito es robada, no tienes que pagar por las cosas que no compraste. Pero también debes de tener cuidado con tu tarjeta de crédito. Asegúrate de que puedas pagar lo que compraste más el interés. Y acuérdate de siempre pagar tus cuentas a tiempo.

Algunas personas guardan su dinero en cuentas en línea. Primero, la persona transfiere dinero de una cuenta bancaria a la cuenta en línea. Luego, cuando la persona compra algo en la Internet, el dinero es enviado de la cuenta en línea a la cuenta de la empresa. Esto ha hecho que algunas personas crean que algún día ya no usaremos dinero en efectivo. Los fondos irán de una cuenta de computadora a otra.

Cada vez más personas guardan dinero en cuentas en línea.

Puedes ganar dinero al hacer tareas domésticas o ayudándole a los vecinos. Si has guardado mucho dinero, es una buena idea abrir una cuenta de ahorro en el banco.

Cronología del dinero

Observa esta cronología para conocer un resumen de la historia del dinero.

6500 a. C.	Primeros registros escritos de trueques en Egipto.
2500 a. C.	Se usa plata como dinero en Mesopotamia (ahora el sur de Irak).
1800 a. C.	Se usan anillos de bronce como dinero en el norte de Europa.
1200 a. C.	Se usan conchas de cauri como dinero en China.
750 a. C.	Se usan barras de electro como dinero en Lidia (ahora Turquía).
640 a. C.	El rey de Lidia ordena que se hagan monedas de oro estándar.
500 a. C.	Los chinos fabrican monedas en forma de pequeñas herramientas (cuchillos, azadones, etc.).
400 a. C.	Se usan pesos de cobre como dinero en Rusia e Italia.
336 a. C.	Se acuñan las primeras monedas con la efigie de un gobernante (Alejandro Magno).

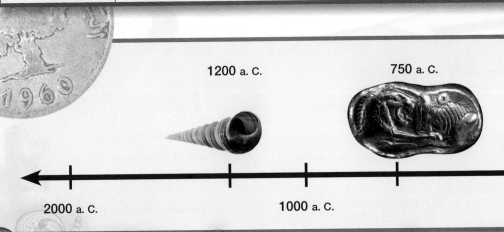

1200 a. C.

750 a. C.

2000 a. C.

1000 a. C.

806 d. C.	Los chinos producen el primer papel moneda.
1520 d. C.	En Europa se usan billetes de banco escritos a mano.
1609 d. C.	Comienza a operar el primer banco oficial, en Ámsterdam, Holanda.
1660 d. C.	Se inventa la prensa de monedas.
1661 d. C.	El banco Stockholm, de Suecia, emite el primer billete de banco impreso de Europa.
1792 d. C.	El congreso estadounidense establece el dólar como divisa nacional de los Estados Unidos.
1913 d. C.	El congreso estadounidense crea la Reserva Federal como banco central de los Estados Unidos.
1946 d. C.	El Banco Mundial y el Fondo Monetario Internacional ayudan a la banca mundial.
1961 d. C.	Comienzan las operaciones bancarias por computadora en el Chase Manhattan Bank de la ciudad de Nueva York.
1973 d. C.	Se abren cajeros automáticos para uso público.
1998 d. C.	Nacen las cuentas de pago en línea para transferencias electrónicas del dinero.

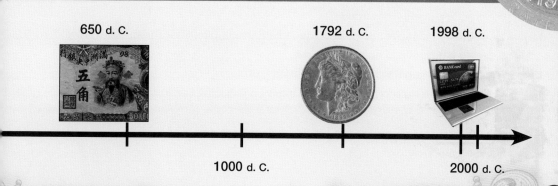

650 d. C.   1792 d. C.   1998 d. C.

1000 d. C.   2000 d. C.

Glosario

a cambio—comerciar

acuñar—estampar un diseño en una pieza metálica, por lo general una moneda

aleación—una mezcla de dos o más metales

billete de banco—un documento en papel que puede usarse como dinero

cajero automático—una máquina que te permite depositar o retirar dinero de tu cuenta incluso si el banco está cerrado

cheques—unos documentos, normalmente de papel, que ordenan que el dinero sea pagado de una cuenta a otra

circulación—el movimiento de persona a persona (o de un lugar a otro)

cuenta—un registro del dinero recibido o pagado

cuenta corriente—una cuenta bancaria a partir de la cual una persona puede girar un cheque

depositar—guardar en un lugar seguro

divisa—la unidad monetaria básica de una nación

economía—el sistema de dinero, productos y mano de obra de una nación

estándar—el número, peso o valor establecido

euro—la divisa común adoptada por doce países europeos en el 2002

falsificación—la creación de dinero falso

fondos—el suministro disponible del dinero

intereses—el dinero que se paga a un prestamista, o dinero que se recibe de un prestatario

pagaré de la Reserva Federal—el nombre oficial de cualquier billete estadounidense

quebrar—quedar en bancarrota

real—una fracción de una moneda española conocida como real de a ocho

reales de a ocho—las monedas españolas hechas de plata

retirar—llevarse algo

saldo—la diferencia entre un lado de una cuenta y el otro

tarjeta de crédito—una tarjeta de plástico que puede usarse para comprar cosas ahora, con la promesa de pagarlas más tarde

tarjeta de débito—una tarjeta de plástico que una persona puede usar para transferir dinero de su cuenta bancaria a la de otra persona

tipo de cambio—la comparación entre una divisa y otra

trocar—cambiar bienes o servicios por otros bienes o servicios

valor—la valía

wampum—las cuentas de conchas usadas como dinero por varios pueblos indígenas americanos

Índice

Acerca de la autora

Debra Housel trabajó como maestra por más de 12 años antes de hacerse escritora. Vive al norte del estado de Nueva York con su esposo y sus tres hijos.